RÉPONSE

A une Dissertation *contre les Mariages clandestins des Protestans de France :*

OU

LETTRE

A l'Auteur d'un Ecrit nouveau intitulé : Dissertation sur la Tolérance des Protestans, *ou*, Réponse à deux Ouvrages, dont l'un a pour titre : *L'accord parfait ;* & l'autre : *Mémoire au sujet des Mariages clandestins des Protestans de France.*

LETTRE

A l'Auteur d'un Ecrit nouveau intitulé: Dissertation sur la tolérance des Protestans, ou, Réponse à deux Ouvrages dont l'un a pour titre : *L'accord parfait*; & l'autre : *Mémoire au sujet des Mariages clandestins des Protestans de France.*

PERMETTEZ, Monsieur, à un de vos Lecteurs de vous proposer un petit nombre de réflexions qu'il a faites sur l'Ecrit que vous venez de donner au Public. Mon intention n'est nullement de m'ériger en Censeur, soit pour approuver, soit pour improuver. Si je l'entreprenois, il me semble que je trouverois matiere à faire le premier, beaucoup plus qu'à faire le second. C'est l'aveu que je crois devoir vous faire en toute sincérité, afin que vous ne croyiez pas être en pays ennemi. Ce que je me propose uniquement, c'est de contribuer en ce que je puis à l'éclaircissement d'un point qui, de l'aveu de tous les gens de bien, est un des plus importans & pour l'honneur de la Religion & pour le bien de l'Etat.

Il s'agit de sçavoir quelle conduite il convient de tenir par rapport au Mariage des Protestans qui sont dans le Royaume. Depuis long tems toutes les personnes raisonnables & attentives voyent les inconvéniens qu'il y a, d'un côté à leur interdire le Mariage sans la présence du Prêtre & sans les autres cérémonies du Rit catholique, & de l'autre à leur administrer le Sacrement après quelques actes de Catholicité le plus souvent simulés, & sans qu'ils cessent d'être Protestans dans le cœur; ce qui renferme une profanation sacrilége de nos Sacremens, jointe au crime de la dissimulation en fait de Religion. Et la Cour & le Clergé, & les Théologiens & les Magistrats sentent tous également l'embarras qui résulte de l'un & de l'autre de ces deux partis. Le premier est une source perpétuelle de mécontentement de la part de cette multitude de Religionaires, & une occasion journaliere de révolte. Sans vouloir justifier ces rebellions, qui ne sont jamais permises pour quelque cause que ce soit, il faut convenir que le mécontement qui y donne lieu à un prétexte plausible. N'est-ce pas, disent-ils, un droit acquis à tous les Sujets d'un Etat de pouvoir contracter des mariages ? C'est un contrat qui est même du droit naturel ; & dès qu'un homme est membre d'une société, & qu'il y est souffert, cette société ne peut pas le lui interdire : qu'on nous laisse donc la liberté sur ce point, ou qu'on nous chasse du Royaume. Si on oppose à ces raisons les Loix de l'Etat, qui prescrivent des conditions pour les Mariages des Particuliers, telle que la présence du Prêtre, on retombe dans l'inconvénient du second parti, qui est de multiplier les profanations des Sacremens de l'Eglise Catholique, comme je viens l'exposer.

Après beaucoup de réflexions & de plaintes faites de tems immémorial, les personnes qui ont quelque zéle pour la Religion & pour le bien de l'Etat, ont enfin essayé de trouver quelque dénouement. Deux Evêques ont présenté à la Cour des Mémoires dans des vûes très-différentes. L'un persiste à demander qu'on oblige les Religionaires à se marier en face de l'Eglise : & pour obvier à la profanation des Sacremens, il veut qu'on tienne ces sortes de gens dans une épreuve plus longue que par le passé, pour s'assurer de la sincérité de leur retour à l'Eglise Catholique. L'autre Prélat, qui ſent combien cette reſſource a peu d'aſſurance, penſe que le plus court ſeroit de renvoyer du Royaume tous les Proteſtans : ce qui n'eſt point du goût de la Cour pour des raiſons qu'il n'eſt pas néceſſaire de détailler, & qu'on comprend facilement.

Deux Ecrivains anonymes viennent de ſe montrer. Chacun diſcute la matiere ſuivant ſes vûes. Le premier dans ſon Ecrit qui a pour titre, l'*Accord Parfait*, ſe déclare pour une Tolérance pleine & entiere, & prétend prouver qu'il faut laiſſer aux Religionaires le libre exercice de leur Religion, non-ſeulement pour le mariage, mais encore pour tout le reſte. L'autre dans ſon Ouvrage qu'il intitule, *Mémoire ſur les Mariages clandeſtins des Proteſtans de France*, ſe reſtreint à la liberté de conſcience pour le mariage ; & prouve que c'eſt de tous les partis celui qui eſt ſujet à moins d'inconvéniens.

C'eſt à la ſuite de ces deux Ecrivains que vous paroiſſez, Monſieur ; également oppoſé à l'un & à l'autre, & tout décidé pour le ſentiment de ceux qui veulent qu'on continue d'obliger les Religionaires à ſe marier en face de l'Egliſe. J'ai lû votre *Diſſertation*, & j'ai applaudi à peu de choſe près à la réfutation que vous faites de l'*Accord parfait*. Mais j'ai peine à penser comme vous sur le *Mémoire*. Ne soupçonnez ici, Monsieur, aucune partialité : je vous déclare que je ne sçai qui est l'Auteur du *Mémoire*, & que je ne le connois pas plus que celui de l'*Accord parfait*. Je n'entre dans la dispute, que parce que d'un côté je trouve les vûes du *Mémoire* très justes & très-solides, du moins pour l'essentiel & pour le fond de la question ; & que de l'autre je souhaiterois de tout mon cœur pouvoir imaginer conjointement avec ce judicieux Ecrivain & avec vous-même, Monsieur, un reméde efficace au désordre qui tient dans l'embarras depuis si long-tems & la Cour & l'Eglise de France.

L'Auteur du *Mémoire* employe deux moyens entr'autres pour prouver qu'il seroit à propos de ne pas forcer les Religionaires à se marier suivant le Rit Catholique, & de leur permettre de se marier devant le Magistrat. Le premier moyen est que le mariage peut être valide sans la réception du Sacrement, parce que le Sacrement & le contrat civil peuvent être séparés : il en apporte plusieurs raisons, d'où il conclut qu'il n'y a aucune nécessité d'exposer ces gens à commettre le double crime de la dissimulation en fait de

Religion, & de la profanation de nos Sacremens. Le second moyen que notre Auteur met en usage pour prouver son sentiment, est qu'il ne reviendroit aucun inconvénient pour l'intérêt politique de l'Etat, si on toléroit les mariages des Protestans devant le Magistrat.

Vous combattez, Monsieur, l'un & l'autre de ces deux moyens : & c'est à ce morceau de votre *Dissertation* que je m'arrêterai : parce que la question présente peut être décidée par la discussion toute seule de ces deux points, & que les difficultés que j'ai à vous proposer roulent uniquement là-dessus. Je n'entrerai pas même dans l'examen de toutes les preuves particulieres que l'Auteur du *Mémoire* apporte pour soutenir sa thèse, ni de la réfutation que vous faites de chacune. Il importe peu pour la décision, que toutes les preuves de l'Auteur soient également bonnes & solides : s'il y en a une seule qui soit convainquante & hors d'atteinte, cela doit suffire.

Une des raisons du *Mémoire* par laquelle l'Auteur prétend montrer qu'on pourroit séparer le contrat civil du Sacrement, à l'egard des Protestans, c'est qu'en effet les mariages des Infidéles & des Hérétiques sont valides dans les pays gouvernés par des Puiſſances Proteſtantes ou Infidéles. Vous dites, Monſieur, « *que cette preuve* » *eſt abſolument hors de la queſtion:* (*p.* 29) » & voici la raiſon que vous en donnez: » *Puiſque*, dites-vous, *il ne s'agit point ici* » *de ſçavoir ſi le mariage fait hors de l'Egliſe* » *peut être valide; mais ſeulement ſi le même* » *mariage contracté ſelon les intentions de J.* » *C. eſt diſtingué de ſon Sacrement.* Vous répétez la même choſe tout de ſuite, en répondant à l'argument tiré des mariages clandeſtins que le Concile de Trente dit avoir été autrefois valides: « *Cette preu-* » *ve*, dites vous, *prouve ſimplement que le* » *Concile de Trente a cru comme nous que* » *des mariages faits hors de l'Egliſe peuvent* » *être valides.*

Une premiere difficulté, Monſieur, qui m'arrête, eſt que votre raiſonnement ne paroît pas bien intelligible. Pour mon particulier je vous avoue que je ne vous entends pas. Qu'eſt-ce qu'un mariage *fait hors de l'Egliſe?* Qu'eſt-ce que c'eſt qu'un mariage *contracté ſelon les intentions de Jeſus-Chriſt?* Si vous entendez par un mariage fait hors de l'Egliſe, celui qui n'eſt pas célébré dans une Egliſe en préſence du Curé, vous convenez qu'il eſt valide: le *Mémoire* a donc raiſon. Si vous entendez un mariage contracté par des Hérétiq ques dans un pays d'Hérétiques ou d'Infideles, vous convenez encore qu'il eſt valide : mais ce n'eſt pas de quoi il eſt queſtion. Si enfin vous entendez un mariage contracté dans un pays catholique par un Hérétique, par un homme hors de l'Egliſe, c'eſt de quoi il s'agit, & c'eſt ce que nous allons diſcuter. J'aurois ſouhaité que vous vous fuſſiez exprimé plus clairement.

Qu'entendez-vous enſuite, Monſieur, par un mariage *contracté ſelon les intentions de Jeſus-Chriſt* que vous dites *n'être pas diſtingué du Sacrement?* Eſt-ce un mariage contracté ſuivant les uſages établis dans l'Egliſe Catholique? Je tombe d'accord, que dès que le contrat civil eſt accompagné de la bénédiction du Miniſtre de l'Egliſe Catholique, il n'eſt pas ſéparé du Sacrement : mais ce n'eſt pas de quoi il eſt queſtion : outre que ce ſont deux propoſitions identiques, dont la ſeconde dit préciſément la même choſe que la premiere. Peut-être entendez-vous par un mariage fait ſelon les intentions de Jeſus-Chriſt, un mariage fait avec piété, avec religion, dans de bonnes diſpoſitions : car je vous entends dire plus bas *(p. 99.)* : « N'eſt-il » pas auſſi néceſſaire de ſe marier d'une » maniere bien chrétienne, que d'une

» maniere bien réglée. Mais personne n'a jamais pensé que la validité d'un mariage dépendît des bonnes dispositions, ni de la piété des contractans. Autre chose est de dire qu'un Chrétien doit se marier d'une maniere bien chrétienne; autre chose est de prononcer que le mariage est nul & invalide, quand il ne se fait pas de cette maniere que vous appellez bien Chrétienne. Que si en parlant d'un mariage selon les intentions de Jesus-Christ, vous voulez faire entendre que l'intention de Jesus-Christ a été que si le contrat civil étoit séparé du Sacrement qu'il a établi, le mariage seroit nul & invalide : je vous demanderai ce que vous répondrez à l'argument pris de ce que le Concile de Trente dit (*a*) des mariages clandestins; que ces sortes de mariages, par rapport au tems passé, étoient valides; frappant même d'anathême quiconque soutiendroit le contraire. L'Eglise auroit donc, selon vous, reconnu comme valides des mariages qui, dans l'intention de Jesus Christ, seroient nuls. Ce seroit une prévarication horrible dont certainement la Sainte Epouse de Jesus-Christ n'est pas capable. J'imagine enfin un dernier sens dans ce que vous

(*a*) Seff. 24. c. de Reform.

appellez un mariage contracté selon les intentions de Jesus-Christ, vous voulez dire peut-être que quoique le mariage soit valide sans la bénédiction du Prêtre & la jonction du Sacrement, l'intention de Jesus Christ a été que jamais on ne permît de séparer le contrat civil du Sacrement. Quoiqu'il en soit de cette assertion, elle ne touche point le nœud de la question. Nous ne prétendons pas que l'on permette aux Protestans ces mariages sans Sacrement, par une permission proprement dite. Nous ne parlons que de tolérance. Or qui doute que le Prince ne puisse en bien des cas tolérer des choses qui ne sont pas conformes aux Régles? L'usure, par exemple, n'est point permise: elle est condamnée par toutes les loix: le Prince cependant ne la tolére t'il pas? Ne fait-il pas même des réglemens pour la renfermer dans certaines bornes en deçà desquelles il la souffre.

Après avoir démêlé, comme j'ai pû, l'embarras de vos expressions équivoques & pleines d'obscurité, je viens, Monsieur, au fond de la question exposée dans sa simplicité, & j'ai l'honneur de vous demander pourquoi le mariage d'un Protestant séparé du Sacrement ne seroit pas un vrai mariage. Car je ne trouve dans votre Dissertation rien de précis sur cela. Par ce qui est dit ci-dessus, il a été un tems qu'un mariage clandestin séparé du Sacrement n'étoit pas nul : pourquoi ne pourroit-il pas ne l'être point encore aujourd'hui. Est-il survenu quelque loi à ce sujet ? Le Concile de Trente, à la vérité, requiert la présence du Curé, & déclare le mariage invalide faute de cette formalité. Mais vous sçavez, Monsieur, que les Decrets du Concile ne font pas loi en rigueur dans le Royaume. Le Concile n'y est point reçu ni publié. Vous direz que la loi du Prince y a suppléé à cet égard, & que le défaut de la présence du Curé est un empêchement dirimant dans notre Jurisprudence. Mais, vous dirai-je, Monsieur, si le Prince, pour des raisons d'Etat, juge à propos d'anéantir cet empêchement à l'égard de ses Sujets Protestans, dès-lors le mariage d'un Religionaire, devant le Magistrat sera valide. Or pourquoi celui qui a eu droit de mettre un empêchement, n'auroit-il pas celui de le supprimer. La matiere du mariage, quant à ses formalités, est une affaire de discipline : tout ce qui est de discipline est susceptible de variation : ce qui se pratique aujourd'hui ne se pratiquoit pas autrefois, & peut de même dans d'autres tems cesser d'être pratiqué : témoin les mariages clandestins dont jai parlé. Vous devez donc convenir que, abstraction faite de tous les raisonnemens spéculatifs pour ou contre, le mariage peut être séparé du Sacrement sans préjudice de sa validité. C'est ce que le *Mémoire* a prétendu prouver, & il y a réussi.

Le second moyen employé par l'Auteur pour justifier le parti qu'il propose, de tolérer les mariages des Protestans faits devant le Magistrat, c'est qu'il n'y a aucun inconvénient pour le bien de l'Etat. Ces mariages auront toute la notoriété requise pour le bon ordre & la tranquillité des familles ; étant constatés par des actes publics déposés chez le Magistrat. Ceci est clair. Aussi n'attaquez-vous pas, Monsieur, le second Moyen de l'Auteur par cet endroit directement ; vous le prenez par plusieurs suites fâcheuses qui s'ensuivront selon vous. (*p. 101.*) « Le grand » mal, dites-vous, n'est pas tant la clan» destinité des mariages, que l'incertitude » du sort des enfans. A quoi servira la » certitude des mariages, si la naissance » des fruits n'est pas constatée ? Pour être » nés de parens légitimement mariés, les » Protestans en seront ils moins réputés » bâtards, s'ils ne peuvent prouver leur

» naissance ? Les Magistrats ne peuvent » pas les baptiser ; & les Prédicans veu» lent à toute force le faire. La confusion » sera donc aussi grande qu'auparavant.

Permettez-moi, Monsieur, de vous dire que votre crainte est une terreur panique, & que le danger que vous appréhendez pour la certitude du sort des enfans est chimérique. Qui empêche que le Magistrat n'ait chez lui un registre où sera consignée la naissance des enfans, de même que les Curés ont des registres de Baptême ? Un tel registre sera un dépôt aussi public & aussi sûr que les livres des Paroisses. Vous sçavez comme moi, Monsieur, que c'étoit l'usage à Paris, dans le tems que le Temple de Charenton subsistoit ; que les Religionaires étoient obligés d'aller déposer chez un Notaire préposé pour cela les actes des Baptêmes que faisoient les Ministres à Charenton. J'ai connu dans ma jeunesse un de mes compagnons d'étude, fils de parens autrefois Protestans, & qui est mort Curé dans Paris, qui n'avoit d'autre extrait Baptistaire, qu'une expédition prise chez le Notaire, de l'acte qui certifioit son Baptême ; ledit acte signé du Ministre Claude.

» Les Magistrats, dites-vous, ne peu» vent pas les baptiser, & les Prédicans

» veulent à toute force le faire ». Qu'est-ce que cela fait contre la certitude du sort des enfans ; & pourquoi seroient-ils toujours réputés bâtards ? Qu'importe qui les baptise ? Si c'est un Prédicant qui fait le baptême, il ira le déclarer chez le Magistrat qui en fera registre. Si c'est un Prêtre Catholique, comme plusieurs Protestans ne font pas difficulté de le souffrir, le registre du Curé en fera foi, & assurera l'état de l'enfant.

Un autre inconvénient, Monsieur, que vous trouvez dans la tolérance qu'on accorderoit aux Religionnaires pour le mariage, (*p. 101.*) « c'est qu'on n'empêchera » pas par-là leurs assemblées dans les Prê» ches ; on n'empêchera pas que les Mi» nistres ne courent dans le Royaume à » leur ordinaire, pour cabaler à dessein » de forcer la Cour à leur accorder de » nouveaux priviléges. C'est de quoi l'Auteur du *Mémoire* & moi conviendrons avec vous, Monsieur : mais vous n'infirmez point par-là ce qu'il prétend. Il ne s'est jamais proposé de remédier à tout par la tolérance sur l'article du mariage. Si on peut remédier au reste par de bons moyens, il applaudira à celui qui les indiquera : mais en attendant il trouve toujours un remède à deux grands maux ; sçavoir, d'un côté les mariages au desert, & de l'autre la profanation de nos Sacremens, lorsqu'on force les Protestans à se marier en face de l'Eglise. Or, Monsieur, à qui prétendriez-vous persuader que lorsque dans un Etat on ne peut pas corriger tous les abus tout à la fois, il vaut mieux n'en corriger aucun, quoiqu'on le puisse ?

Je sens bien, Monsieur, que vous voudriez faire entendre que cette premiere tolérance accordée aux Protestans en ameneroit d'autres : (*p.* 101) que ces Messieurs deviendroient plus hardis pour forcer la Cour à leur accorder de nouveaux priviléges. La réponse à l'objection est facile. La Cour qui aura bien voulu se relâcher sur un point, sera maîtresse de ne point se relâcher sur les autres ; elle le pourra d'autant plus aisément, que les raisons qu'alleguent les Protestans pour demander la liberté des mariages, sont tout autrement fortes que celles qu'ils allégueroient pour solliciter le libre exercice de leur Religion en tout. Ils peuvent bien plus facilement se passer d'assemblées, que non pas du mariage, & l'interdiction de celles-là ne leur porte pas un préjudice aussi considérable à beaucoup près que l'autre, qui réduiroit des millions de citoyens a passer leur vie dans le célibat, ou à vivre dans le concubinage, ou à ſimuler la Religion : à quoi j'ajouterai à mon ordinaire la profanation du Sacrement.

Après avoir fait le perſonnage de défenſeur pour le *Mémoire*, ne trouvez pas mauvais, Monſieur, que je faſſe celui d'agreſſeur contre votre *Diſſertation*, je veux dire, contre le moyen que vous propoſez comme très-efficace pour faire ceſſer tous les troubles des Proteſtans. Je le ferai toujours très-amicalement, n'ayant d'autre intention que de diſcuter avec vous même ce qu'il peut y avoir de plus utile pour la fin très-louable que nous nous propoſons vous & moi.

Le dénouement, Monſieur, que vous préſentez (*p. 82 & ſuiv.*) d'un ton affirmatif, c'eſt de continuer, comme on a fait juſqu'ici, (ſans grand ſuccès toutefois) à obliger les Proteſtans de ſe marier en face de l'Egliſe, pour les amener par cette néceſſité à ſe faire Catholiques. Mais comme leur converſion ne peut être que très ſuſpecte, vous prétendez obvier à cet inconvénient, 1°. par une épreuve qu'on fera de la ſincérité de leur retour, (comme on a fait juſqu'ici encore aſſez infructueuſement) 2°. en mettant dans cette épreuve une uniformité & une modération raiſonnables ; c'eſt-à-dire en ne la faiſant pas de trois mois pour les uns, de neuf, pour les autres; de six pour ceux-ci, d'un an pour ceux-là, ainsi qu'on en a usé jusqu'à présent dans les Diocèses; mais en la fixant, par exemple, à six mois généralement pour tous.

Reprenons, Monsieur, s'il vous plaît, votre projet article par article. On continuera donc de refuser aux Protestans la tolérance sur les mariages, afin de les amener à se faire Catholiques. Votre raison est que, (*p. 90.*) « le refus d'un objet » qu'ils desirent, les engagera à s'instruire » & à sortir de leur égarement. » J'admire comment, après avoir rejetté deux lignes plus haut la méthode de travailler à leur conversion en leur proposant *La mort ou la Messe*, vous ne trouvez nul inconvénient à leur faire cette autre proposition, *la Messe ou point de mariage.* Certes si c'est la vûe d'un objet qu'on desire qui peut déterminer les gens à se rendre, on desire encore plus la vie que le mariage : la crainte de perdre la vie fait toute une autre impression que celle de ne pouvoir se marier : pourquoi donc n'emploiera-t-on pas plûtôt la proposition de *la mort ou la Messe*, que celle de *la Messe ou point de mariage?* La premiere seroit plus sûre pour le succès que la seconde, suivant votre principe.

C'est, dites-vous (*Ibid.*), « que la Re» ligion nous défend le premier, & la cha» rité nous inspire le second. Quoi! la Religion ne nous défend pas ce que S. Paul appelle tendre un piége à la fragilité humaine, *non ut laqueum vobis injiciam* (*1. Cor. 7. 35.*); je veux dire, de mettre nos freres dans la nécessité de vivre dans le concubinage? Quoi! la charité nous inspire de dépouiller un homme du droit qui lui est acquis par la nature, de lui donner occasion de commettre plusieurs crimes, concubinage, simulation dans la Religion, sacrilege: lorsqu'il ne tient qu'à nous, & qu'il nous est libre de les lui épargner en supprimant l'occasion? A la bonne heure, qu'on moleste les Mécréans par toutes les voies raisonnables, qu'on les prive de tel & tel avantage de citoyen, qu'on leur fasse une condition, pénible & disgracieuse en toute façon: cela est permis & selon la Religion & selon la charité: mais qu'on leur dise *La mort ou la Messe; la Messe ou point de mariage*, il me semble, pour moi, que la Religion défend l'un & l'autre, que la charité n'inspire ni l'un ni l'autre. A Dieu, ne plaiſe qu'en parlant ainſi je prétende attaquer le Gouvernement politique à cet égard : je ſçais que ceux qui nous gouvernent font ſur cet objet du mieux qu'ils peuvent, comme dans toutes les affaires épineuſes & embarraſſantes : je prens ſeulement la liberté de propoſer mes vûes par maniere de modeſte repréſentation, & d'argumenter contre les Particuliers qui ſuggerent les leur à la Cour.

Pourſuivons. Il faudra, ſelon vous, Monſieur, continuer à éprouver la ſincérité de la converſion des Religionnaires. D'accord. Mais ce n'eſt pas de quoi il s'agit. Il eſt queſtion de ramener les Proteſtans dans le ſein de l'Egliſe. L'épreuve dont vous parlez ſervira bien à guider les Evêques, les Prêtres, pour juger de la ſincérité du retour : encore y ſera-t-on ſouvent trompé. Un hypocrite peut bien ſe contrefaire ſix mois : mais elle n'eſt pas, par elle-même, cette épreuve, un moyen ſûr de converſion. Pourquoi non, dites-vous ? Pendant cette épreuve on les inſtruira. Je le veux : mais n'eſt-ce pas ce qu'on a fait juſqu'à préſent ; & le mal a continué malgré cela. Vous ne propoſez, Monſieur, rien de nouveau : or, ſur quoi fondez-vous cette grande confiance que vous avez, que ce qui a été juſqu'ici infructueux, réussira mieux par la suite, en ne faisant que la même chose.

De grace approfondissons un peu la matiere. Je vois que j'ai affaire à une personne qui connoît l'esprit de la Religion, qui sçait les régles de la vraie conversion, & qui ne rejettera pas les grands principes de la morale Chrétienne. Comme je n'ai pas l'avantage de vous connoître, Monsieur, je prens cette bonne opinion dans un petit mot échapé que je saisis avec plaisir. « Les Jésuites, dites-vous (*p. 45.*), sont » des Ecrivains de trois jours, & dont la » doctrine ne peut être justement impu- » tée à toute l'Eglise. » Me voilà donc à mon aise avec vous, puisqu'il n'y a point chez vous de Jésuitisme, de doctrine Jésuitique. Je me confirme encore dans mon préjugé favorable à votre égard par la maniere dont vous vous expliquez sur la conversion. « Pour absoudre un pécheur, » dites-vous, (*p. 83.*) ce n'est pas assez » de l'exhorter à la vertu, il faut encore » attendre un changement dans ses mœurs, » lequel ne vient pas si vite, parce que » Dieu ne l'accorde qu'aux prieres, aux » gémissemens, & aux soupirs. » Ici je me retrouve encore en pays de connoissance; & c'est ce qui m'enhardit à m'expliquer sans façon avec vous, Monsieur,

&

& à raiſonner religion à cœur ouvert.

S'il eſt vrai, vous dirai-je, que l'inſtruction toute ſeule ne ſuffit pas pour convertir un pécheur, elle ne ſuffira pas davantage toute ſeule pour convertir un Hérétique. Car la foi eſt également un don de Dieu comme la bonne vie. *Perſonne*, dit Jeſus-Chriſt, *ne peut venir à moi, ſi mon pere ne l'attire, ne l'entraîne*, *TRAXERIT*. Le Sauveur parle ici de la foi qu'il faut avoir en lui. Comment donc pourra-t-on s'imaginer que, (*p. 89.*) « d'inſtruire » les Proteſtans, c'eſt le moyen de les » convertir tous infailliblement, n'y ayant » rien de plus aiſé que de découvrir la » folie du Calviniſme? Qui n'admirera l'air *aiſé* avec lequel vous prononcez ce grand mot, *rien n'eſt plus aiſé*. Si cela eſt ſi aiſé, pourquoi donc S. Paul dit-il *que la foi n'eſt pas donnée à tous?* Comment pouvez-vous dire (*p. 83.*) encore que » pour reconcilier un Hérétique, il ſuffit » de l'inſtruire, & d'exiger enſuite de lui » une proteſtation de ſa foi. J'en conviens, s'il ne s'agit que de la cérémonie de la réconciliation : mais il s'agit de ſa converſion? Ni le Prince, ni l'Egliſe ne doivent être indifférens pour le ſalut de leurs Sujets & de leurs enfans : & ſi le moyen qu'on prend pour les conduire à la cérémonie de la réconciliation, est plus que douteux pour opérer réellement la conversion, ni le Prince, ni l'Eglise n'en doivent être contens : encore moins si l'expérience du passé a convaincu qu'il ne fera très-communément que des hypocrites.

Ce qui vous rassure, Monsieur, c'est que l'onction intérieure de la grace (*p. 83.*) ne manquera pas d'accompagner les instructions des Ecclésiastiques & des Missionnaires. Quel garant en avez vous, vous dirai-je? La preuve que vous en apportez, permettez-moi de vous le dire, est plus dévote que solide. « Pour quoi, » dites-vous, le Seigneur refuseroit-il de » bénir les pieuses intentions des Prin» ces, en touchant ceux au salut desquels » ils prennent tant d'intérêt? Si vous adressiez à S. Paul ce *Pourquoi*, il vous répondroit, *O altitudo!* Pour moi je vous demanderai à mon tour, pourquoi le Seigneur n'a-t-il pas béni jusqu'ici les pieuses intentions du Prince qui nous gouverne, puisque jusqu'ici il a pris un très-grand intérêt au salut de ses Sujets Protestans, & que les Evêques & les Prêtres ne se sont pas refusés à l'instruction? Or, quelle nouvelle lumiere avez vous pour assurer que Dieu fera, après votre *Dis-*

ſertation, ce qu'il n'a pas fait auparavant, toutes choſes étant égales devant & après ?

Je vois bien que c'eſt que vous aimez à vous flatter d'une douce eſpérance, par le grand deſir que vous avez de voir arriver un grand bien. Nous autres, ſans avoir moins de zéle que vous, nous n'oſerions pas nous flatter auſſi fortement : nous ne pouvons pas du moins le faire juſqu'au point de nous contenter comme vous d'une conjecture toute pure, & de riſquer dans cette confiance arbitraire de faire des milliers d'hypocrites & de profanateurs de nos Sacremens. Ne vous étonnez pas, Monſieur, ſi j'en reviens ſouvent à mon refrein de la profanation du Sacrement : c'eſt que l'Auteur & moi ſommes vivement touchés de ce fâcheux inconvénient, au lieu que vous ne paroiſſez y faire qu'une médiocre attention, n'en parlant preſque point dans votre *Diſſertation*.

Je ne ſçai ſi beaucoup de lecteurs n'auront pas dit en liſant cet endroit de votre Ecrit, ce que j'ai dit moi-même : cet honnête homme s'imagine apparemment que nous ſommes encore dans le premier ſiécle de l'Egliſe, dans ce ſiécle de la fécondité apoſtolique, où l'on voyoit les converſions ſe faire à tas, où les moiſſons étoient toutes prêtes à moissonner, pour me servir de l'expression de Jesus-Christ, *jam alba ad Messem*, par la maturité subite que produisoit la main invisible du Maître, ensorte que les moissonneurs n'avoient qu'à y mettre la faucille : tems heureux, où d'un coup de filet les pêcheurs d'hommes enlevoient les trois & les cinq mille ames. Il ne pense pas, qu'il n'en a point été de même par la suite, encore moins dans ces bas siécles, où on ne prend plus, pour ainsi dire, les poissons qu'à la ligne, un à un. N'est-ce pas en effet ce qu'on reconnoît dans les missions du nouveau monde, où l'œuvre du Seigneur marche si lentement ? où l'on ne voit plus des Eglises florissantes se former comme dans le premier âge du Christianisme. Certes, s'il est aussi aisé que vous le prétendez, Monsieur, de faire sentir aux Protestans *la folie du Calvinisme*, il devroit être pour le moins aussi aisé de faire sentir aux Infidéles la folie de l'Idolatrie. Pourquoi donc réussit-on si peu à faire des Chrétiens dans ces pays infidéles, sinon, parce que d'un côté le Seigneur, par des jugemens qu'il ne nous appartient pas de sonder, n'ouvre pas la porte du cœur à l'Evangile, & que de l'autre les Apôtres d'aujourd'hui ne sont pas les Apôtres du premier siécle, ni pour les exemples héroïques de vertu qui entraînerent tout, ni pour le mérite éminent devant Dieu, de qui ils obtenoient tout? C'est donc au hasard & très-gratuitement que vous nous garantissez que six mois d'instruction convertiront *infailliblement* les millions de Religionnaires qui sont dans le Royaume: & pour vous parler franchement, je pense que si ce sont nos mysteres annoncés aux Infidéles qui les révoltent, & qui ne trouvent pas créance chez-eux malgré les instructions assidues de nos Missionnaires; ce sont peut-être nos mœurs qui, exposées aux yeux des Religionaires, font perdre à l'instruction toute son efficace: j'ai l'opinion, que si ceux-ci trouvoient dans le Clergé & dans le peuple Catholique plus d'édification, on n'auroit pas besoin de recourir si fort à l'instruction: *longum iter per præcepta; breve & efficax per exempla*, dit un ancien.

Avançons dans la discussion de votre projet, Monsieur. Vous exigez pour cette épreuve que vous souhaitez qu'on fasse de la sincérité de la conversion de nos Religionaires, deux conditions: la premiere, qu'elle soit modérée: la seconde, qu'elle soit uniforme pour tous. Pour justifier la premiere, vous prétendez montrer qu'il y a une grande différence entre la conversion d'un Hérétique à la Catholicité, & celle d'un pécheur à une vie bien Chrétienne. (*p. 83.*) « L'incrédulité » des errans vient uniquement, dites-vous, » de l'éducation, du préjugé, & de la né» gligence à s'instruire : mais il n'en est » pas de même des pécheurs. Leur désor» dre a sa source dans le cœur, dont les » passions sont violentes, & se vainquent » difficilement. » D'où vous concluez qu'il faut beaucoup plus de tems pour convertir un pécheur, que pour ramener un Hérétique, & qu'il suffit pour celui-ci de l'instruire. Ce raisonnement a quelque chose de spécieux : mais est-il bien dans le vrai ? Pour moi, en envisageant la chose d'un autre sens, je trouverois le contraire. Un pécheur a des passions violentes, il est vrai, mais du moins il sçait que ce qu'il fait est mal ; il n'en disconvient pas ; il ne peut pas se justifier à ses propres yeux ; c'est déja beaucoup. Au lieu que l'Hérétique ne croit pas que sa religion soit mauvaise : soit éducation, soit préjugé, il n'y voit que la pureté de l'Evangile, en même temps qu'il n'apperçoit chez les Catholiques qu'abus & superstition : en un mot, il est par principe dans l'erreur, au lieu qu'un pécheur n'est pas par principe dans le péché. Eh ! qui ne ſçait qu'on tient plus à ce qu'on fait par principe & par conviction, qu'à ce qu'on fait par paſſion & contre ſa conſcience ? D'ailleurs combien y a-t-il de Proteſtans, gens du bas étage & du petit peuple, qui ne ſont pas capables de ſuivre un raiſonnement, ni de comprendre les raiſons du Controverſiſte, & d'en ſentir la force ? Autre obſtacle qui n'a pas lieu, lorſqu'il s'agit d'exhorter un pécheur & de le porter à ſe convertir. Au reſte, je ne prétens pas décider abſolument pour le plus ou le moins : mais les réflexions que je viens d'expoſer, me perſuadent que la difficulté eſt à peu près égale ; & qu'ainſi votre comparaiſon, Monſieur, eſt une preuve caduque.

La ſeconde condition que vous appoſez à l'épreuve des Proteſtans, (*p. 82.*) ſçavoir l'uniformité pour la durée, me paroît une idée haſardée. Vous ſeriez le premier à rire d'une pareille régle qu'on donneroit à un Confeſſeur pour éprouver les pécheurs : parce qu'en effet tous les pécheurs ne ſe reſſemblent pas ni pour la nature des mauvaiſes habitudes, ni pour la ferveur de la pénitence, ni pour le caractere & la trempe d'eſprit. Un pénitent lâche & peu fervent demande une épreuve plus longue, qu'un autre qui marche à grands pas : une ame foible mérite quelqu'égard pour abréger l'épreuve, pendant qu'on la prolongera à celui qui a plus de force d'eſprit, & qui peut porter ſans ſe décourager de plus longs délais qui peuvent lui être très-utiles : & ainſi du reſte. Comme vous réduiſez, Monſieur, tout l'ouvrage de la converſion d'un Hérétique à l'inſtruction, vous penſez qu'il n'y a pas de raiſon de varier l'épreuve : comme ſi tous les eſprits étoient également capables d'entrer dans l'inſtruction qu'on leur donne ; comme ſi les Proteſtans plus ou moins habiles dans la controverſe étoient auſſi faciles à réduire, que des Religionnaires du ſimple peuple ; comme ſi les caracteres des hommes étoient de niveau, également dociles à ſe rendre à la lumiere qu'on leur préſente.

Mais ce qui achevera de vous montrer, Monſieur, le peu de juſteſſe de votre régle d'uniformité, c'eſt que ſouvent les Proteſtans tiennent à leur religion autant par le cœur que par l'eſprit, autant par l'intérêt des paſſions qui les dominent, que par le préjugé de l'éducation ; je veux dire, que ce qui les attache au Proteſtantiſme, c'eſt l'attachement à des vices qu'il ne condamne pas, & l'éloignement d'une Religion qui ne permet pas tout ce que la leur permet. Cela supposé ce ne sont plus simplement des hérétiques à instruire, mais des pécheurs à convertir; & des pécheurs qu'il faut convertir avant que de les faire revenir de l'hérésie, puisqu'ils ne sont peut-être retenus dans l'hérésie que parce qu'ils sont pécheurs & attachés au péché. Il faudra donc, de votre aveu, varier l'épreuve selon les différens cas; la demander plus longue pour les uns, plus courte pour les autres. Que devient alors votre régle de six mois pour tous : régle qu'il vous plaît d'attribuer au Conseil, & à qui vous donnez la préférence sur celles que les Evêques proposent ?

Ce sont-là, Monsieur, les réflexions que j'ai cru devoir vous communiquer, & que j'ose vous prier de peser & de méditer. Je compte que la maniere dont je m'y suis pris, vous laissera convaincu que ce que je me suis proposé, a été moins de prendre parti pour le *Mémoire* anonyme, encore moins de combattre votre *Dissertation*, dont vous voyez que je n'ai touché qu'une très-petite portion, que de contribuer de mon mieux, comme je l'ai annoncé dès le commencement de ma Lettre, à l'éclairciſſement d'un point dont vous & moi ſentons toute l'importance.

Je ſuis, Monſieur, &c.

2 Juin, 1756.

www.ingramcontent.com/pod-product-compliance
Ingram Content Group UK Ltd.
Pitfield, Milton Keynes, MK11 3LW, UK
UKHW020520180726
13839UKWH00005B/2199

9 782329 604138